# МИКОЛА МІХНОВСЬКИЙ

# САМОСТІЙНА УКРАЇНА

# Самостійна Україна

Микола Міхновський

© 2022, Svarog Books

ISBN: 978-1-914337-97-0

www.svarog.nl

# Микола Міхновський

# САМОСТІЙНА УКРАЇНА

SVAROG BOOKS

# ЗМІСТ

Микола Міхновський (1873 — 1924) — український політичний та громадський діяч, ідеолог українського самостійництва, перший предстаник Українського Націонал - Соціялізму, адвокат, публіцист, Діяч Української Республіки і організатор її війська, збройних сил. Представник священницького роду Міхновських. Народився у селі Турівка, Полтавська губернія, Російська імперія. Член Братства тарасівців, засновник Української народної партії (1902), один із лідерів Української демократично-хліборобської партії, член Братства самостійників.

Один з популяризаторів словосполучень «козаки-українці» і «українці-козаки» в якості назви і самоназви представників українського народу. Прихильник розпаду Російської імперії і перетворення її на спільноту пов'язаних спільною історією країн і народів. Автор брошури «Самостійна Україна» (1900), підготував проєкт Конституції (1905). Помер у Києві, УСРР.

Послідовний прихильник створення незалежної України на всіх її етнічних територіях. Відповідно до українського законодавства може бути причисленим до борців за незалежність України у XX сторіччі.

# ЗАГАЛЬНІ ВІДОМОСТІ

«Самостійна Україна» — публіцистичний твір авторства Миколи Міхновського, написаний у 1900 році. Деякий час виконував роль політичної програми РУП, в основу якої покладено його промови 19 лютого 1900 в Полтаві, а також 26 лютого 1900 в Харкові. Вперше видано у Львові в 1900 році в друкарні Уділовій. Твір торкається політичних, правових та філософських аспектів буття української нації і держави.Наприкінці XIX — на початку XX ст. українська національна ідея стала теоретично усвідомленою, буттєвою, у політичній думці з'явилася тенденція до обґрунтування необхідності досягнення української національної незалежності і повної державної самостійності. Серед складного світогляднополітичного сплетіння виокремилася група прибічників позитивістської орієнтації, що апелювали до врахування реальних обставин, фактів, а не чуттєвих побажань і устремлінь. До цієї групи входили: Михайло Драгоманов, Іван Франко, Михайло Грушевський.

Другу групу фундаторів української національної ідеї становили прибічники радикальної форми націоналізму — так званого інтегрального націоналізму, в основі якого ідея формування нового типу українця, беззастережно відданого нації та справі незалежної державності, їх шлях до національної мети — шлях свідомого українства, для якого Україна — не засіб, а мета, самодостатня цінність, яка мусить забезпечити на своєму ґрунті реалізацію всіх, зокрема й найвищих духовних потреб. Яскравими носіями цієї орієнтації були Іван Нечуй-Левицький, Борис Грінченко, Микола Міхновський, Юрій Липа і Дмитро Донцов.

# САМОСТІЙНА УКРАЇНА

Текст написано в 1900 році, тоді ж і надруковано у Львові як окрему брошюру.

Кінець XIX віку визначався з'явищами, що характеризують новий поворот в історії людськости. Ці з'явища свідчать про те, що п'ятий акт великої трагедії, званої «боротьбою націй», вже начався і закінчення наближається. Ті з'явища - це збройні повстання неволених націй проти націй гнобителів. На наших очах відбувалися криваві повстання Вірмен, Кретян-Греків, Кубанців і нарешті Боерів. Коли ще поглянути на ту більше чи менше гостру боротьбу - у її перших фазах, яку провадять зрабовані народи Австрії, Росії та Туреччини проти націй-панів, на той смертельний антагонізм, який існує поміж німцями і французами, англійцями і росіянами, коли зважати, яку страшну масу регулярного війська утримують ворожі поміж собою нації,то стане зовсім очевидним, що все світове національне питання вже зовсім достигло, хоч і далеко стоїть до необхідного, дійсного та справедливого розв'язання. Проте шлях до розв'язання єдино можливий, певний і хосенний показали нації, що вже повстали проти чужого панування, в якій би формі політичного верховенства воно не виявлялося, і цей шлях є противний Гаагській конференції.

Ми визнаємо, що наш нарід теж перебуває у становищі зрабованої нації.

Отже, коли справедливо, що кожна нація з огляду на міжнародні відносини хоче виливатись у форму незалежної, самостійної держави, коли справедливо, що тільки держава одноплемінного національного змісту може дати своїм членам нічим не обмежовану змогу всесстороннього розвитку духового і осягнення найліпшого матеріального гаразду: коли справедливо, що пишний розцвіт індивідуальности можливий тільки в державі, для якої плекання індивідуальности є метою - тоді стане зовсім зрозумілим, що державна незалежність є національним ідеалом у сфері міжнаціональних відносин.

Отже виникає питання, чи визволення національне можливе для нас?

П'ятий акт драми ще не наступив для нашої нації. Вона переживає ще й досі довгий і важкий антракт у своїй історії: за законом щось діється, йде якась пильна праця, від часу до часу грюкотить грім, але завіса ще не піднялася. Антракт власне починається з 1654 р., коли Українська Республіка злучилася з московською монархією політичною унією.

З того часу українська нація політично і культурно помалу завмирає, старі форми життя зникають, республіканська свобода нівечиться, нація знесилюється, гине, але потім знов відроджується, з-під попелу старовини виникає ідея нової України, ідея, що має перетворитись у плоть і кров, прибрати конкретні форми.

З часу Переяславської конституції минуло сьогодні 247 років, незабаром Росія справлятиме 250-літній ювілей цієї події.

Коли доводиться нам йти на свої збори під допитливими поглядами цілої фаланги правительственних пітонів, коли українцеві не вільно признаватись до своєї національности, і коли любити вітчизну рівнозначно, що бути державним зрадником, тоді зовсім до речі виникає повне обурення питання, яким правом російське правительство поводиться з нами на нашій території наче зі своїми рабами? Яким правом відносно нас, корінних жителів своєї країни, видано законом[1] з 17 травня 1876 р., що засуджує нашу національність на смерть? На підставі якого права на всіх урядах нашої країни урядовцями призначено виключно росіян (москалів) або змоскалізованих ренегатів? На грунті якого права з наших дітей готують по школах заклятих ворогів і ненависників нашому народові? Через що навіть у церкві панує мова наших гнобителів? Яким правом правительство російське здерті з нас гроші витрачає на користь російської нації, плекаючи и підтримуючи науку, літературу, промисловість і т. д.? І нарешті найголовніше, чи має право царське правительство взагалі видавати для нас закони, універсали та адміністративні засади?

Чи становище царського правительства відносно нас є становище права чи насилля? Відомо гаразд, що ми власновільно прийшли до політичної унії з московською державою і заступником її - царським правительством. Ця власновільність, на думку наших неприхильників, забороняє нам нарікати на справедливість того, що діється, бо ми ніби самі того хотіли, самі обрали собі те правительство.

Це твердження примушує нас розглянути природу і характер угоди[2] з 1654 р.

Держава наших предків злучилася з московською державою «як рівний з рівним» і як «вільний з вільним», каже тогочасна формула, тобто дві окремі держави, цілком незалежні одна від другої щодо свойого внутрішнього устрою, схотіли з'єднатися для певних міжнародних цілей.

Виникає питання, чи по злуці цих двох держав обидві вони зникли, а на їх місце почала існувати третя держава, наступниця тих двох? Чи, навпаки, не дивлячись на злуку, обидві держави існують поруч себе? І коли так, то який вплив мала злука на обидві держави з погляду міжнародного права?

Сучасна наука міжнаціонального права вчить, що держава може бути як простою, так і складною. Вона каже, що дві або кілька держав можуть стати між собою до злуки і зформувати «спілку держав» («Staatenbund»). Спілка держав - це така форма злучення, при якій шанування і підлягання спільним інституціям не тільки не виключає внутрішньої і надвірної самостійности злучених держав, але навпаки, оберігання тієї самостійности стає метою злучення держав. Держави - члени спілки - зберігають право міжнародних зносин поруч із заступництвом цілої спілки.Усі вони мають право поокремо зав'язувати конвенції та посилати послів, аби тільки їх міжнародні відносини не мали на меті шкодити інтересам цілої спілки або окремих членів. Така спілка цілком можлива не тільки поміж державами, що мають однаковий політичний устрій, але й з різними формами державного устрою, і не перестає існувати навіть тоді, коли в одній з держав зміняється форма правління, або вимирає пануюча династія. Цим особливо «спілка держав» відрізняється від т. зв. «реальної унії держав», яка може існувати тільки поміж монархічними державами, раз у раз може перекротити своє існування, або вимерла династія. Спілка держав виникає із взаємної згоди держав, що стають до спілки. Зразком «спілки держав» можуть бути: Північно- Американські Злучені Держави, Швейцарська спілка і найбільша Германська Спілка.

Як же злучилася держава московська з державою українською? Шляхом погодження, а погодження це вилилося у форму т. зв. «переяславських статтей».

Переяславський контракт так формулював взаємні і обопільні відносини держав (наводимо головніші пункти, надаючи їм характер сучасних висловів):

1. Власть законодатна й адміністративна належиться гетьманському правительству без участи і втручання царського правительства.

2. Українська держава має своє окреме самостійне військо.

4. Суб'єкт неукраїнської національності не може бути на уряді в державі українській. Виїмок становлять контрольні урядники, що доглядають певність збирання данини на користь московського царя.

6. Українська держава має право обирати собі голову держави по власній уподобі, лише сповіщаючи

царське правительство про своє обрання.

13. Несзломність стародавніх прав, як світ-ських, так і духовних осіб, і невтручання царського правительства у внутрішнє життя української республіки.

14. Право гетьманського правительства вільних міжнародних відносин з чужими державами.

Аналізуючи ці постанови Переяславської конституції, приходимо до висновку, що в ній є всі ті прикмети, які характеризують «спілки держав».Таким чином, головніший закид, який роблять нам наші суперники, пильнуючи довести нам безвиглядність наших стремлінь, закид, ніби ми ніколи не складали держави і через те не маємо під собою історичної підстави, - стільки випливом неуцтва й незнання ані історії, ані права. Через увесь час свого історичного існування нація наша з найбільшими зусиллями пильнує вилитися у форму держави самостійної і незалежної. Коли навіть поминути удільні часи, де окремі галузі нашої нації складали окремі держави, то перед нами виникає і литовсько-руське князів-ство, де геній нашого народу був культурним фактором, і найголовніше галицько-руське королівство, спробунок злучити докупи усі галузі, усі гілки нашого народу в одній спільній державі, спробунок, повторений далеко пізніше Богданом Хмельницьким і ще раз - Іваном Мазепою.

Таким чином, українська держава в тій формі, у якій вона сформована й уконституйо-вана Хмельницьким, є справді державою з погляду міжнародного права. Суперечники наші ще закидають нам і те, що українська республіка, сформована Переяславською умовою, не була самостійною державою, бо платила «данину» царському правительству. Коли й так,то все ж навіть з їх погляду Укра-їнська республіка була напів незалежною державою на зразок Болгарії, колись Сербії та інших балканських держав. Але півнезалежні держави відзначаються тим, що не мають права міжнародних зносин з надвірного боку: тим часом Переяславська конституція надавала це право українській державі.

Як же, проте, зрозуміти ту «данину», що платила українська республіка московській монархії? Годі розв'язувати це питання з погляду сучасної науки міжнародного права, бо вона не знає і не уявляє собі такої держави, яка б маючи атрибути самостійної, платила «данину»; як з другого боку не може припустити, щоб півнезалежна держава користувалась правом засилати послів. Це дасться пояснити тільки тоді, коли згідно з текстом конституції ми приймемо, що «данина» давалася не державі московській, а цареві московському, як протекторові особливого роду, бо держава українська від спілки з московською виразно бажала тільки «протекції», а не підданства.

З цього погляду та «данина» має значення вкладу до спільної скарбниці, призначеної для міжнародних відносин спільної ваги. Такий характер стверджується ще й тим, що українська держава не була завойована московською монархією, або придбана дипломатичним

шляхом, як Польща, а злучаючись з москов-
ською монархією не поступилася ані одним із
своїх державних або республіканських прав, і
устрій московської монархії для української
держави був зовсім байдужий. Преяславська
конституція була стверджена обома контр-
агентами: народом українським і царем
московським на вічні часи. Московські царі чи
імператори не виповнювали своїх обов'язків по
конституції 1654 року і поводяться нині з нами
так, наче Переяславська конституція ніколи не
існувала. Вони чинять з нами так, наче наша
нація зреклася своїх державних прав, віддалася
на ласку російським імператорам і згодилася
поділити однакову долю з росіянами, що самі
обрали собі царів. Але наш нарід ні сам, ні
через своє правительство ніколи не давав такої
згоди і ніколи не зрікався прав, що належать
йому по Переяславській конституції. Через те
Переяславська умова є обов'язкова для обох
контрагентів: монархії московської і респу-
бліки української на підставі засади, що ніяка
умова не може бути знищена або змінена одно-
бічною волею контагента без виразно вислов-
леної згоди другого. Через те «Єдина неділімая
Россія» для нас не існує. Для нас обов'язкова
тільки держава московська, і всеросійський
імператор має для нас менше ваги, ніж москов-

ський цар. Так каже право.Та в дійсності ніякої ваги не має Переяславська конституція, всеросійські імператори є наші необмежені пани, а Переяславська конституція є тільки «історичним актом» та й годі. Як же з погляду права відноситись до такого знущання над правом? Коли один із контрагентів, каже право, переступив контракт, то другому контрагентові лишається на вибір: або вимагати від свого контрагента виконання контракту в тому розмірі й напрямку, в якому, він був прийнятий обома ними, або узнавши контракт зломаним у всіх його частинах, зірвати усякі зносини з контрагентом.

І тоді вже є панування сили, але не вплив права.

Наші суперечники можуть відповісти нам, що хоч справді контракт був повернений у нівець насиллям, облудою й підступом одного з контрагентів, але другий контрагент вже згубив не тільки право розпоряджатися своєю долею, але навіть право протестування, бо своїм довговіковим мовчанням він освятив неправні вчинки, і те, що було придбане кривдою, на підставі задавнення зробилось правим.

Через те вже пізно відшукувати колишні права.

Але в тім розміркованні немає ані крихітки

правди. Перше: не може бути придбане на підставі задавнення те, що захоплене грабівницьким або злодіяцьким шляхом. Вдруге: розуміння про задавнення не може відноситися до зневолення свободи. Задавнення може мати вагу тільки в правних відносинах, але не в безправних, а такі відносини московської монархії до української республіки.

У міжнаціональних відносинах задавнення може мати місце тільки відносно тих націй, що вже не мають життєвої сили, бо доки нація живе, доки відчуває себе живою і сильною, доти нема місця для задавнення. Але мимо того розмова про задавнення не може грати ніякої ролі, бо наш нарід своїми повсякчасними протестами проти панування Москви (Дорошенко, Мазепа, Кирило-Мефодіївське братство, Шевченко, селянські повстання 80-тих років і т. д.) перервав течію задавнення, давши напрям розв'язати суперечку про обов'язковість Переяславської конституції тим способом, який може уважатися єдино дійсним і серйозним,тобто силою.Та навіть коли б ми не бачили у нашій історії безупинних протестів,то й тоді наше власне існування проти насилля не тільки над нами, але й над нашими предками, воно перериває течію задавнення, воно накладає на нас обов'язок розбити пута рабства, щоб ми - спадкоємці Богдана

Хмельницького - по праву могли користуватись нашою спадщиною!

Але коли ми маємо досить правних підстав для повернення Переяславської конституції і визволення зрабованої волі, то чи так стоїть питання про фізичні і матеріальні засоби для осягнення нашої мети?

Наші суперечники кажуть, що логіка подій, напрям і течія життя з непереможною силою пруть до повного вимирання, до повного винародовлення нашої нації.

Над нами висить чорний стяг, а на йому написано:

«Смерть політична, смерть національна, смерть культурна для української нації?».

Це не є самі слова: зміст їм відповідає.

Коли в української держави відібрано право бути державою,то поодинокі члени колишньої республіки позбулися усіх елементарних політичних прав людини. Колишній український республіканець має менше прав, ніж нинішній найостанніший московський наймит. Правительство чужинців розпоряджається на території колишньої української республіки наче в завойованій свіжо країні, висмоктує останні сили, висмикує ліпших

борців, здирає останній гріш з бідного народу.-
Урядовці з чужинців обсіли Україну і знева-
жають той люд, на кошт якого годуються.
Непокірливі корінні жителі погорджуються
невимовно, а небезпечні з них засилаються на
Сибір. Законами російської імперії зневажає-
ться право совісти, погорджується право
свободи особистої, гнобиться навіть недотор-
каність тіла. Колишній протектор української
республіки перемінився нині на правного
тирана, якому належиться право над життям і
смертю кожного з українців. Царський закон з
17 травня 1876 р. наложив заборону на саму
мову спадкоємців Переяславської конституції і
вона вигнана з школи й суду, церкви й адміні-
страції. Потомство Павлюка, Косинського,
Хмельницького й Мазепи вже збавлене права
мати свою літературу, свою пресу: йому зага-
дано навіть у сфері духовній працювати на
свого пана.Таким чином українська нація
платить «данину» не тільки матеріальними
добрами.але навіть психіку та інтелект її
експлуатують на користь чужинців. І не
тільки панує над Україною цар-чужинець, але
й сам Бог зробився чужинцем і не вміє україн-
ської мови. Просвіта занедбана, культура
знівечена і темрява панує скрізь по Україні.

І через 274 років по Переяславській

конституції «вільний і рівний» українець віді-
грає ще гіршу ролю, ніж колишній ілот[3], бо в
ілота не вимагли принаймі інтелектуальної
«данини», бо від ілота не вимагали любови й
прихильности до своїх гнобителів, бо ілот
розумів свій гніт, українець же тільки відчуває
його. Така то є логіка і такі її наслідки. І от
посеред таких лихих обставин ми зійшлися
докупи, ми згромадилися в одну сім'ю пере-
йняті великим болем та жалем до тих страж-
дань, що вщерть наповнили народну душу і хай
навпаки логіці подій ми виписали на своєму
прапорі: «Одна, єдина, нероздільна, вільна
Україна від гір Карпатських аж по Кавказькі».

Чи не захоплюємось ми?

Чи не є цей ідеал наш однією з тих пишних,
святих іллюзій, якими живе людство, на які
сподівається та які розпливаютья зараз, скоро
схочеш їх здійснити?

Може наша пристрасна любов до України
підказала нам думку безглузду, безпідставну?

I чи можемо ми надіятися на симпатії
широкого суспільства українського?

I, головне, чи здійснення цього бажання
буде корисне для нашої нації?

Здебільшого, як головний аргумент проти
нашого права на національне існування, проти
нашого права на самостійність державну,

виставляють те, що ми не маємо історичної традиції, не маємо минулого.

На цьому аргументі не спиняємось через те, що помилковість його вже доведена нами попереду, теж і через те, що відсутність державно-історичної минувшини не може мати ніякого значення для другої, бадьорої нації, що відчула свою силу і хоче скористатись своїм «правом сильного».

Для нас далеко важніший другий аргумент - це закид, що нація безсильна, некультурна, інертна.

Хіба може, кажуть нам, темна, незорганізована, розбита маса, неодушевлена ніякою ідеєю творити історію при сучасних обставинах життя? Хіба та маса відчуває національний або політичний гніт? Горстка божевільних може тільки смішити, але не викликати симпатій навіть поміж інтелігенцією, бо ціла українська інтелігенція охоче без протесту йде шляхом винародовлення, а за нею і культурніші одиниці з народу. Та в решті, хіба українська національність не стільки різноманітністю російської? Коли б навіть було доведено, що ми тільки різноманітність російської нації, то й тоді нелюдські відносини росіян до нас освячують нашу до їх ненависть і наше моральне право убити насильника, обороняючись від насилля. Кров, коли вона пролита братньою рукою, ще дужче благає о помсту, бо то брата кров! Нехай вчені розшукують, хто був кому родичем, - ображене почуття нації і кривда цілого народу гидують визнати моральні зв'язки з російською нацією! Через те ми можемо обсуджувати тільки засоби і способи боротьби!

І так ми некультурні. Це безперечно правда: наша нація некультурна. Власне, культурність її історична, бо вона замерла на тім ступіню, на якім вона була ще в XVII ст. Це правда, що нація наша в загальній культурності з часу конституції з 1654 року поступила дуже мало наперед, а з багатьох поглядів вона мусіла вернутись до нижчих форм життя як політичного, так і соціального.Усі ті релігійно-культурні рухи, що були наслідком високої освічености й хвилювали наше суспільство у XVII віці, обіцяли статись джерелом не тільки свободи совісти, але й свободи політичної. Усі ці рухи були задавлені силоміць, були знівечені навіть елементарні політичні права, як право особистої свободи (панщина), і нація кинена в безодню темряви. Тоді була вбита стародавня культурність української нації, культурність так інтенсивна, що кількома своїми промінями вона змогла покликати до житя й могутности націю нинішніх господарів.

Еге! Нині наші маси некультурні, але в самім факті нашої некультурности ми знаходимо найліпший, наймогутніший,найінтенсивніший аргументі підставу до того, щоб політичне визволення нашої нації поставити своїм ідеалом! Бо хіба можливий для нашої нації поступ і освіта доти, доки нація не матиме права розпоряджатись собою і доки є спосіб держати нашу націю в неволі!? Доки ми не здобудемо собі політичних й державних прав, доти ми не матимемо змоги уладнати стан речей у себе дома до нашої вподоби, бо інтерес наших господарів є цілком супротилежний нашим інтересам, бо розплющення очей у рабів є небезпечне для панів. Цю останню задачу мусить узяти на себе національна інтелігенція. Це її право і її обов'язок.

А в історії української нації інтелігенція її раз у раз грала ганебну й сороміцьку роль. Зраджувала, ворохобила, інтригувала, але ніколи не служила своєму народові, ніколи не уважала своїх інтересів в інтересах цілої нації, ніколи не хотіла добачати спільности тих інтересів. На очах історії сильна, освічена і культурна інтелігенція України прийняла в XVI і XVII віках польську національність, і усі оті

Четвертинські, Чорторийські, Вишневецькі та Тимкевичі - плоть від плоті нашої і кість від костей наших! Тоді сильним та могутнім замахом український народ породив нову інтелігенцію. Ця друга прийняла російську національність протягом XVIII і XIX в. і всі оті Безбородьки, Прокоповичі, Яворські, Прощинські, всі оті Гоголі, Гнідичі, Потапенки, Короленки і «їм же ність числа» - усі вони наша кров. Народ зновулишився без інтелігенції, інтелігенція покинула його в найгірші, найтяжчі часи його існування.

Чи можемо зрівняти війну, пошесть навіть, із оцим масовим підступництвом інтелігенції? І війна і пошесті - вони косять без розбору і вчених і темних, і бідних і багатих, підступництво забрало цвіт нації - найкультурнішу її верству.

Це були такі дві страти, що годі знайти їм рівні в історії якої-небудь нації. Але український нарід здобув у собі досить сили, щоб навіть посеред найгірших обставин політичних, економічних та національних витворити собі нову третю інтелігенцію. Еволюція українського інтелігента третьої формації ще не почалася, але характеристична його прикмета служення своєму власному народові відбилася в ньому з повною силою.

Отже коли третя інтелігенція має органічні зв'язки з українською нацією, коли вона є заступником українського народу, єдино свідомою частиною української нації, то стерно національного корабля належить їй. Годі через те казати, ніби маса українського суспільства не має нічого спільного з останньою формацією своєї інтелігенції - українська інтелігенція є само суспільство в мініатюрі, стремління суспільства - це стремління інтелігенції, пориви інтелігенції - це пориви й симпатії цілого суспільства.

А коли так, то стаємо око в око з питанням: «Коли українська інтелігенція є, коли вона заступник суспільства, коли вона бореться, то чому ми не чуємо про цю боротьбу, не бачимо наслідків її і навіть не відаємо й про те, за що власне бореться нова інтелігенція?».

Годі ось тут докладно відповісти на всі оті питання. Одно можна сказати, що первозвісника сучасного політичного українства - Шевченка - не зрозуміло ні його власне покоління, ані поблизькі до нього. Коли Шевченко своїми стражданнями й смертю освятив шлях боротьби за волю політичну, національну та економічну українського народу, то близькі до нього покоління з так званого українофільського табору на своїм прапорі написали:

«Робім так, щоб ніхто ніде не бачив нашої роботи!». Ці покоління «білих горлиць» своїм псевдопатріотизмом деморалізували ціле українське суспільство в протязі півстоліття. Налякані стражданням Шевченка, а почасти й прикростями, які зазнали його товариші, ці покоління виплекали цілий культ страхополохства, виробили цілу релігію лояльности, ці покоління своїм нечуваним сервілізмом, своєю безідейністю, своєю незвичайною інертністю відіпхнули від себе цілий ряд рухів молоді, що стояла на українсько-національному грунті.

Ці покоління зробили український рух чимсь ганебним, чимсь смішним, чимсь обскурантним!

Ці покоління надали українофільству характер недоношеної розумом етнографічної теорії.

Ці покоління самі найліпше назвали себе українофілами,тобто людьми, що симпатизують Україні. Вони не хотіли навіть звати себе українцями. Тактика й політика українофілів привела до того, що ціла молода Україна з відразою від них одсахнулася, симпатій же старої України вони не змогли собі приєднати.Таким чином українофіли лишилися без потомства, і сучасна молода Україна вважає себе безпосереднім спадкоємцем Шевченка, а її традиції йдуть до Мазепи, Хмельницького, до короля Данила, минаючи українофілів. Між молодою Україною й українофілами немає ніяких зв'язків - крім однієї страшної й фатальної зв'язі - своєю кров'ю заплатити за помилки попередників.

Часи вишиваних сорочок, свитківта горілки минули і ніколи вже не вернуться. Третя українська інтелігенція стає до боротьби за свій нарід, до боротьби кривавої і безпощадної. Вона вірить у сили свої і національні, і вона виповнить свій обов'язок. Вона виписує на своєму прапорі слова: «Одна, єдина, нероздільна, вільна, самостійна Україна від Карпатів аж по Кавказ». Вона віддає себе на служення цьому великому ідеалові і доки хоч на однім клапті української території пануватиме чуженець, доти українська інтелігенція не покладе зброї, доти всі покоління українців йтимуть на війну. Війна провадитиметься усіма засобами, і боротьба культурна вважається також відповідною, як і боротьба фізичною силою. Потреба боротьби випливає з факту нашого національного існування. Нехай наша історія сумна й невідрадна, нехай ми некультурні, нехай наші маси темні, подурені, ми все ж існуємо і хочемо далі існувати. І не тільки існувати як живі істоти, ми хочемо жити як люди, як громадяни, як члени вільної нації. Нас багато - цілих ЗО мільйонів. Нам належиться будуччина, бо зовсім неможливо, щоб 1/30 частина усієї людности, ціла велика нація могла зникнути, могла бути задушеною, коли вона спроможна воювати з цілим світом! Ми існуємо, ми відчуваємо своє існування і своє індивідуальне національне «Я». Наша нація у своєму історичному процесі часто була не солідарною поміж окремими своїми частинами, але нині увесь цвіт української нації, по всіх частинах України живе однією думкою, однією мрією, однією надією: «Одна єдина, нероздільна, вільна, самостійна Україна від Карпатів аж по Кавказ». Нині ми всі солідарні, бо зрозуміли, через що були в нас і Берестечки, і Полтави. Ми відродилися з грунту наскрізь напоєного кров'ю наших предків, що полягли в боротьбі за волю України, ми всмоктали з молоком наших матерів стародавню любов нації до вітчизни і її свободи і ненависть до насилля над нами.

Як не можна спинити річку, що, зламавши кригу навесні, бурхливо несеться до моря, так не можна спинити нації, що ламає свої кайдани, прокинувшись до життя. Наша нація вступила на новий шлях життя, а ми мусимо стати на її чолі, щоб вести до здійснення великого ідеалу. Але ми мусимо пам'ятати, що ми тільки оповіщуємо його силу, ми тільки його посланці. Цей великий - увесь народ український.

Але як партія бойова, партія, що виросла на грунті історії і є партією практичної діяльности, ми зобов'язані вказати ту найближчу мету, яку ми маємо на оці. Ця мета - повернення нам прав, визначених Переяславською конституцією з 1654 р. з розширенням її впливу на цілу територію українського народу в Росії. Ми виголошуємо, що ми візьмемо силою те, що нам належиться по праву, але віднято в нас теж силою. Наша нація довго нездужала, але нині вже стає до боротьби. Вона добуде собі повну свободу і перший ступінь до неї: Переяславська конституція.

Ми розуміємо, що боротьба буде люта й довга, що ворог безпощадний і дужий. Але ми розуміємо й те, що це вже остання боротьба, що потім уже ніколи не стане слушний час до нової боротьби. Ніч була довга, але ранок наблизився і ми не попустимо, щоб проміння свободи усіх націй заблищало на наших рабських кайданах: ми розіб'ємо їх до схід сонця свободи. Ми востаннє виходимо на історичну арену, і або поборемо, або вмремо... Ми не хочемо довше зносити панування чужинців, не хочемо більше зневаги на своїй землі. Нас горстка, але ми сильні нашою любов'ю до України! Сини України! Ми, як той Антей, доторкаючись до землі, наберемось все більше сили й завзяття. Нас мало, але голос наш лунатиме скрізь на Україні і кожний, у кого ще не спідлене серце, озветься до нас, а в кого спідлене, до того ми самі озвемось!

Нехай страхополохи та відступники йдуть, як і йшли, до табору наших ворогів, їм не місце поміж нами і ми проголошуємо їх ворогами вітчизни.

Усі, хто на цілій Україні не за нас, той проти нас. Україна для українців, і доки хоч один ворог чужинець лишиться на нашій території, ми не маємо права покласти зброї, пам'ятаймо, що слава та перемога - це доля борців за народну справу. Вперед, і нехай кожний із нас пам'ятає, що коли він бореться за народ, то мусить дбати за увесь народ, щоб цілий народ не загинув через його необачність.

Вперед! Бо нам ні на кого надіятись і нічого озиратись назад!

---

1. Мова про т.з. «Емський указ». Цим розпорядженням російський імператор Олександр II фактично заборонив публічне використання української мови.

2. Міхновський згадує «Березневі статті Богдана Хмельницького», тобто угоду між Московським Урядом та Українською Козацькою Старшиною.

3. У стародавній Спарті так звали землеробів, які знаходилися на проміжному положенні між кріпаками та рабами.

# ДЕСЯТЬ ЗАПОВІДЕЙ УНП (УКРАЇНСЬКОЇ НАРОДНОЇ ПАРТИ)

1. Одна, єдина, неподільна, від Карпат аж до Кавказу самостійна, вільна, демократична Україна - республіка робочих людей.

2. Усі люди - твої браття, але москалі, ляхи, угри, румуни та жиди - це вороги нашого народу, поки вони панують над нами й визискують нас.

3. Україна для українців! Отже, вижени звідусіль з України чужинців-гнобителів.

4. Усюди й завжди уживай української мови. Хай ні дружина твоя, ні діти твої не поганять твоєї господи мовою чужинців-гнобителів.

5. Шануй діячів рідного краю, ненавидь ворогів його, зневажай перевертнів-відступників - і добре буде цілому твоєму народові й тобі.

6. Не вбивай України своєю байдужістю до всенародних інтересів.

7. Не зробися ренегатом-відступником.

8. Не обкрадай власного народу, працюючи на ворогів України.

9. Допомагай своєму землякові попередусіх, держись купи.

10. Не бери собі дружини з чужинців, бо твої діти будуть тобі ворогами, не приятелюй з ворогами нашого народу, бо ти додаєш їм сили й відваги, не накладай укупі з гнобителями нашими, бо зрадником будеш.

Своєрідний партійний «кодекс честі» для членів УНП та охочих вступити у партію. Написаний особисто Миколою Міхновським в 1903 році. До сьогодення має культовий статус в українському націоналістичному.

~

# ВІДКРИТИЙ ЛИСТ ДО РОСІЙСЬКОГО МІНІСТРА

(«МОЛОДА УКРАЇНА», Ч. 9-10, 1900, ФРАҐМЕНТ)

... Ви гадаєте, Пане Міністре, що Ви укупі з усіма Вашими посіпаками здолаєте вбити наш народ? Нехай відповість Вам наша історія. Нехай вона розповість Вам, яка міцна та сильна була польська держава »від моря до моря«, який знівечений був наш народ під пануванням чужинців-поляків, які терпів він гнобительства від польських панів. І нехай історія розповість Вам, як одним сильним і міцним рухом зруйнувала наша нація усю польську державу і повернула в нівець гнобителів. А колишні поляки, пане міністре, вміли гнітити нас не гірше від сучасних росіян, і колишня Варшава була культурніша ніж сучасний Петербурґ.

А знаєте, через що наші прабатьки розвалили Польщу? Через те, що вона наполягала на душу нації, на її моральне «Я». А всі злочинства прощаються, крім злочинства проти Святого Духа.

Уряд російський супроти нашої нації став на ту саму стежку, що й колишній польський уряд і тим самим вимагає, щоб ми пішли шляхом наших прабатьків часів Богдана Хмельницького. І ми підемо!

Закон царя з 17 травня 1876 року єсть злочинством проти Духа Святого, бо єсть це суворий і безпощадний засуд цілої нашої нації на моральну смерть. Але Ваша безглузда заборона українського напису на пам'ятнику українському поетові єсть огидливе знущання над засудженою вже на смерть нацією. Тая заборона єсть краплею, що переповнила чашу страждань і терпіння нашого народу. Вона свідчить, що не буде ніколи кінця Вашому гнобительству. Вона каже нам: Годі мовча- т и вам рабам!

Ми не можемо далі дозволити безстидному чужинцеві знущатись над найсвятішими нашими чуттями. Українська нація мусить скинути панування чужинців, бо вони зогиджують саму душу нації. Мусить добути собі свободу, хочби захиталася ціла Росія! Мусить добути своє визволення з рабства національного та політичного, хочби пролилися ріки крови! А та кров, що поллється, впаде як народне прокляття на Вашу голову, Пане Міністре, і на голови всіх гнобителів нашої нації!

# СПРАВА УКРАЇНСЬКОЇ ІНТЕЛІГЕНЦІЇ В ПРОГРАМІ УКРАЇНСЬКОЇ НАРОДНЬОЇ ПАРТІЇ

(1904, ФРАҐМЕНТИ)

… Самий факт існування московських університетів і шкіл з московською викладовою мовою на території України — є глумом над свободою, є нехтуванням наших загально-людських прав, є ганьбою і зневажанням нашої нації, а надто освічених її членів — української інтелігенції. Не за »академічні свободи« нам треба боротися, а за саму академію, за право мати її своєю національною власністю.

… ГОДІ ВЖЕ ПРИНОСИТИ ЖЕРТВИ МОСКОВСЬКОМУ МОЛОХОВІ! І так уже досить напився він української крови і пожер найліпших, найморальніших синів України. Яка вигода з того, що от вже понад 50 літ цвіт української інтелігенції потапає в широкім морі московської революційної демократії? Яка користь українській нації від таких її членів, як Попко, Давиденко, Перовська, Флорекло, Малинка, Кравчинський, Кибальчич, Стефано- вич, Лизогуб і інших людей, безперечно талановитих, але таких, що віддали свій талант богові чужої, ворожої нам нації?!«.

… Головна причина нещастя нашої нації — брак націоналізму серед ширшого загалу її.

… Націоналізм — це велетенська і непоборна сила, яка яскраво почала проявлятися в ХІХ віку. Під її могутнім натиском ламаються непереможні, здається, кайдани, розпадаються великі імперії і з'являються до історичного життя нові народи, що до того часу покірно несли свої рабські обов'язки супроти чужинців переможців. Націоналізм єднає, координує сили, жене до боротьби, запалює фанатизмом поневолені нації в їх боротьбі за свободу.

www.ingramcontent.com/pod-product-compliance
Lightning Source LLC
Chambersburg PA
CBHW051040030426
42336CB00015B/2967